JN410130

개똥철학

권우용 시집

교음사

시인의 말

호모 루댄스(Homo Rudence)는 놀이하는 인간.

만물의 영장답게 재미있게 놀고 즐길 줄 안다는 것이다.

하고 싶고 좋아하는 일을 즐기며 살아가는 인생, 그보다 더 행복하고 즐거운 일이 어디 있겠는가.

나이 여든쯤이 되면 무얼 이루려 말고 아이들처럼 잘 뛰고 놀라고 충고하는 친구들이 많아졌다. 가물가물하는 기력을 보전하면서 하루하루 즐겁고 감사하게 사는 것이 노년의 건강에 으뜸이라는 말이다.

요즘은 별 하는 일 없이 하루 시간을 허송하는 일이 잦아졌다. 코로나의 위험이 엄중하지만, 부스터 샷을 맞고부턴 자신이 생겼는지 오라는 곳, 웃음이 있고 반가움이 있는 곳은 즐겁게 찾아다닌다.

좌절하고 절망하는 순간 노쇠는 걷잡을 수 없다.

가슴 아픈 회한이 있더라도 희망의 끈 놓지 말고 내일에 대한 이상도 잃지 말아야 한다. 그저 건강하고 즐거우면 되느니 더이상 무슨 욕심이 있을까.

또 한 권의 시집!

그동안 틈틈이 쓴 글이 또 한 권의 책이 되었다.

항상 부족한 것 같고 망설여지지만 그래도 잘 읽었다는 인사를 해주는 친구들과 이웃 어른들의 기다림에 때맞춘 것 같아 다행이다. 여든도 몇을 넘긴 늙은이가 썼으니 좀 모자란 듯하지만 뿌듯한 자부심도 있다.

경남문화예술진흥기금에 애써주신 이민호 선생님께 감사드리며 교정과 출판에 수고하신 교음사 강병욱 대표님께 감사드린다.

인생의 황혼길 아직은 지팡이 없이 함께 걷는 아내와 꿈나무 아이들에게도 사랑과 감사를 전한다.

2022년 6월 어느 아침

여농 권우용

| 개똥철학 |

· 차례

1부 이제 와 알고 보니

2부 개똥철학

3부 청산도에서

4부 지심도에 가야 했는데

1부

이제 와 알고 보니

어떤 다짐

스스로 낮추고 굽실거리며
들풀처럼 끈질기게 살았네

우주의 중심은 나
내가 주인이고 핵심인데
내가 있어 세상이 있는 것인데
왜 엎드려 바보처럼 살았을까

이루지 못했다고 자책하면서
배우지 못했다고 비하(卑下)하면서
빈천했다고 자학(自虐)했으니
왜 그리 삶이 비참하고 부끄러웠는지

이제 여든에 회상해 보니
끝내 고운 마음 바른 양심으로 살았으니
무얼 더 망설이며 비켜서 있을 것인가

더 이상 엄한 잣대로
나 자신을 자책(自責)하지 않아야 하겠다
이제는 열심히 산 나에게도

감사와 위로의 인사를 해야지
수고했다! 열심히 살았다!
그래서 자랑스럽고 존경스럽다고
스스로 축하의 꽃다발을 올려야지

낮잠 자듯 조용히

노소(老少)가 없더니
이제는 순서도 없어졌다
고운 얼굴 미운 얼굴
하나둘 사라져 없으니
서글픈 마음은
허허로운 벌판에 선 기분이다

나른한 피로
자꾸 눈감고 싶고 눕고 싶으니
여든에는 날로 늙는다는 말이나
'밤새 안녕!'이란 인사가 새삼스럽다

사무사(思無邪)
모든 생각에 간사함이 없지만
꿈도 의욕도 접어두고
이제는 가야 할 때
이별을 준비할 때

나는 아니라 도망가지 말고
나는 싫다 발버둥치지 말고

좀 더 의젓하고 당당하게
가능하면 허허 큰 웃음 한 번 웃고
낮잠 자듯이 조용히
그렇게 그렇게

여든의 기도

외롭지 않고
심심하지 않게
너무 아프지 않게 하시고
친구 서너 명 만나 웃게 하시고
풍경 속을 바람 따라 걸을 수 있게 하소서!

어쩌다 혼자라도
외로움에 울지 않게
찬란한 고독을 즐기면서
꿈과 희망의 끈 놓지 않게
가끔 술잔 나누지 못해도
친구들 만나 함께 웃게 하시고
때로는 몸살감기를 앓아도
낙엽 지는 슬픔 속을 즐겨 걷게 하소서!

가슴 아픈 후회 더는 없게
사랑한다고 인사하게 하시고
조금 남은 나의 열정
시(詩)를 쓰며 책을 읽게 하소서!

끝으로 우리 아이들
착하고 미천해서 아무것도 모르오니
이끌어 주시고 보살펴 주시옵소서!
두 손 모아 빕니다. 아멘

이제 와 알고 보니

걷기도 하다가
조용히 책을 읽다가
더러는 친구 만나 밥을 먹다가
어쩌다 먼저 간 놈들 생각에 찔끔 울기도 하다가
어느 날은 산이나 바다 찾아 버스 타고 먼 길 가다가

가만히 생각해 보니
인생은 요지경 속이고
나도 모르게 지나고 보니
더 열심히 살지 못한 것이 후회스럽고
이제 와서 알고 보니
잘난 놈 못난 놈 다 비슷해 그놈이 그놈이더라는 것이고
힘들게 땀 흘려 살고 보니
우리들 인생 한숨이고 슬픔이라도
이제는 모두가 아름다운 추억인데

이제는 인생 황혼
곱게 물든 저녁노을 바라보고 앉아서
며칠 남은 나날들
포근한 안식이기를

오늘도 내일도 더는 가슴 아픈 슬픔 없기를
그리고 마지막 가는 길에도
아름다운 꽃길에 고운 새소리 들리는 동산이었으면
딱 좋겠다는 생각이다

여든이라고

여든이라고
아흔이라고

혼자 외롭다고
늙어 슬프다고

방구석 차지하고
푸념이나 하다가

누웠다 앉았다
해소기침 콜록콜록

세월 탓만 해서야
아픈 탓만 해서야

아무리 여든이라도
백발에 아흔이라도

미리 하는 인사

어느 날
갑자기 부르실지

어느 곳
벼락처럼 닥칠지

"밤새 안녕!"
인사도 두려워진다

여보!
당신은 천천히 놀다 오소

아이들아
너희들은 재미있게 살아라

인생 여든은
매일 인사하는 나이

여러분, 안녕히 계세요!
미리미리 인사하는 마음

여자 버리기

버려야 한다면서 버리지 못한 것
비우고 채워야 한다면서 여태 비우지 못한 것
탐욕과 아집은 버린 지 오래인데
고집과 참견도 팽개친 지 오래인데
아직 무슨 찌꺼기가 남았나
버럭 화를 내거나 욕심 하는 때가 있다

채 다 버리지 못한 것들
인색과 푸념을 버리면 되겠는데
거드름과 넋두리를 함께 싸버리면 되겠는데
다 아는 체 강요하고 훈계하지 않으면 되겠는데
소리 없이 익어가는 유덕골 사과처럼
색도 곱게 맛이 들면 되겠는데

마지막 큰 것 한 가지
이제는 여자를 버려야 할 때
내 머리, 가슴속을 차지하고 누워
밤이나 낮이나 나를 괴롭히던 요물덩어리
그 교태(嬌態)를 왜 버리지 못했을까

더는 탐하지 말고
우리 집 손여사(孫女史) 눈섶달 고운 웃음에다
푸짐한 된장 맛 정성이면 되겠는데

노탐(老貪)은 노년의 꼴불견
추잡스럽지 말아야지
알몸뚱이 여자를 버려야 해탈(解脫)이 된다

그날에는

벚꽃 진창 피어나는 그런 날이나
빨간 단풍 하나둘 떨어지는 그런 날이었음
얼마나 좋을까

눈물 같은 궂은비 계속되다가도
그날에는 쨍하고 밝은 해가 뜨는 그런 날이었으면
엄마 만나러 가는 길에
꽃이 피어 꽃동산이었으면
그렇게 단풍이 고왔으면
좋겠네, 정말 좋겠네

그 순간

버나드 쇼는 "죽기가 더 쉽군!"
베토벤은 "희극은 끝났다!"라 했다
나는 이름난 예술가도 아니고
유명한 사람도 아니지만

가물가물
의식이 사라져가는 그 순간에
힘겹게 두 손이라도 마주잡고
"고맙소! 당신은 잘 있다 오소!"
한마디라도 했으면

성인 시바이처는 "아 행복하다"
마더 테레사는 "감사합니다"라고 했다
나같이 우직한 사람에게도
마지막 한 마디 기회를 준다면

울며불며
아이들이 흐느낄 때
힘없이 흔들리는 목소리로라도
"안녕! 열심히들 살아라!"
마지막 인사라도 했으면

넋두리

김 영감
소주 몇 잔 쏟아붓고
했던 소리 또 넋두리한다

"지금도 보고 싶은 건
밤낮 잔소리하던 마누라도 아니고
서울 간 딸
한 달에 한 번도 오지 않는 자식도 아니고
골목 안 조그만 다방의 정양"

"곱던 그 가시나
나만 보면 웃더니
손도 잘 잡아 주더니
혼자일 때는 슬며시 기대어주더니
정말 예뻤는데 지금은 어데 있노?"

여든의 김 영감 부끄럼도 모르고
10년 전 그 아가씨를 그리며
남은 소주 털어 넣는다

이별 연습

이별 없는 인생
아픔 없는 인생이 어디 있나
누구나 슬픈 추억 하나둘 가슴에 안고도
행복했다고 자위하며 살아가는 거다

추억이 가슴 아파
그대가 미치게 그리운 날에는
보고픈 얼굴 있어 울고 싶은 날에도
이별이 슬픔뿐이지 않기를 바라면서
우리 헤어지는 연습을 하자
만나는 그날을 기약하며 이별 연습을

울지 않기로
슬퍼하지 않기로
가슴을 쥐어짜는 아픔이지 않기를
후회와 통한을 남기고 가는 참사가 아니기를
다시는 못 만나는 그런 영원한 이별이 아니기를
아픔 없고 후회 없는 아름다운 하직이기를
축복이 되고 기쁨이 되는 이별이기를
서로가 고운 눈빛으로 안녕하기를
웃음 지며 떠나기를

노인 다방

재미있더라
중앙로 부근의 골목 안 옛날식 그 다방
다소곳한 한복 차림의 마담이
"안녕하세요" 인사하며 두 손을 잡는데
손이 그리 곱고 부드러워 정신이 없는데다
"건강하시지요?" 속삭이는 말이
50년 전 연인처럼 정다워
누구나 황홀해져서 손을 놓지 못하고
잊어버린 첫사랑 소녀를 만난 듯 황홀해지는 거라

언제 이런 인사 받아 보았나
누구에게서 이런 속삭임 들어 보았나
즐거워진 영감님들 호기 있게 옆자리에 앉아
차 주문을 하는 거라
"홍삼차 둘, 마담도 뭐 하나 하소"

짜릿한 일탈(逸脫)
남자들은 이런 기분에 산다
이런 멋에 쌈짓돈 비상금도 턴다
즐거운 오후 한 시간

색다른 카다르시스와 만족에
찻값이 아깝지 않은 거라

덧없는 인생
흘러버린 젊음과 사랑 때문이겠지
그리움과 아쉬움에
빈 가슴이 허전해서이겠지

「잃어버린 것에 대하여」
「다시 못 올 것에 대하여」
「낭만에 대하여」
색소폰 울음 같은 최백호의 노래가 흐르고 있었다

자화상

몸매는 습관의 거울
내가 즐겨 쓰는 몸짓이다
육신은 생활의 현주소
하루하루 살아가는 노동이다
얼굴은 역사
살아온 삶의 기록이다

대머리
잡(雜)생각에 대한 형벌
왜 밤새워 많은 고민을 했나
왕 주름
책임과 부담에 대한 산물
노동의 피로가 그리 많았나
비만
지나침에 대한 경고
무슨 식탐이 그리 많았을까

찌들고 시들어
숨길 수 없는 이력서
눈웃음으로도 감추지 못하는

부끄러운 자화상이다

빈곤의 알리바이
나태와 무기력의 현장
나의 얼굴은
나의 책임이다

그저 담담하게

서두를 일도 아니다
두려워할 것도 아니다

그저 담담하게
살아가면 된다
살아있음에 감사하면서 말이다

천천히 느리게 살다 보면
꽃도, 풍경도 서서히 다가오고
새소리 바람소리가 나뭇잎 흔들면서
봄도 오고 가을도 오는데
사랑하는 사람아
우리가 함께 있음이 얼마나 좋으냐
함께 웃을 수 있음이 얼마나 고마우냐

밤이 오듯 곧 어둠이 닥쳐
잠을 자듯 먼 길 떠난다 해도
잠시 우리가 헤어져 사는 것이고
우리는 원래 하나로 맺은 인연이니
사랑하는 사람아

우리가 그곳에서 다시 만남을 믿고
우리 이제 이별의 아픔 다 이겨야 한다

그날 그 순간까지
오늘 이 순간만 생각하며 살면 되는데…
아 참!
우리의 기도 속에
아이들의 사랑을 기억하면서 말이다

사랑에 대하여

기다림
기다림도 없는 사랑이 있든가
기다림은 그리움이 머무는 시간
사랑은 기다리며 가슴에 꽃 한 송이 피우는 일이다

그리움
그리움은 사랑의 향기
설렘과 애틋함이 있어
눈보라 치는 한겨울 밤에도
대문 열고 방문 잡고 기다리는 갈망이다

서러워 울지만
그 눈물 속에 그리움 있으니
슬픔 없는 사랑은 사랑도 아니다

베풀고 주면서도 가슴 아픈 애모
때로는 차라리 잊을까 울기도 하지만

혼자 좋아
슬퍼도 혼자서 좋아
가슴으로 애태우는 사랑
눈물이 없는 사랑은 사랑도 아니다

할미꽃

할매
우리 할매
허리 꼬부라진 우리 할매

진분홍 청보라
색동옷 차려입고
오늘도 뒷동산
할배 무덤가에 섰다

–영가암
–내가 보이능교
–영감 생각나서 또 왔다 아잉교
–당신은 안 그렁교
–영가암

쓰러질 듯 머리 숙인 우리 할매
사랑하는 마음
오늘도 긴 하루
기도하며 서 있다

황혼

고마웠다고
사랑했다고
그리고 행복했다고
무슨 이별의 말을 해야 하는데

해는 지고 노을도 사라지고
어둠이 닥쳐오는데
여린 햇살에 사라지는 이슬 같은 목숨이라 해도
지금도 사랑하고 있다고
아프지 말고 즐겁게 살라고
피를 토하듯 무슨 말이라도
뜨거운 당부로 해야 하는데

떠나면 그만인
안타까운 순간에
가고 나면 빈자리 아무것도 없는
마지막 순간에
무슨 말을 크게 해야 하는데
포옹처럼 무슨 몸짓이라도 해야 하는데

그것도 못한
그것도 못하는 나는

2부

개똥철학

강가에 서면

—진주남강유등축제

강가에 서면
꽃밭을 이룬 풍경이 고운데
강을 밝히는 등(燈)이 있고
흥겨운 가락이 있고
우정을 다짐하는 술잔도 있고
사랑을 맹세하는 언약도 있고

강가에 서면
승리의 환호는 잠시일 뿐
처절한 항전의 함성이 들리고
비극의 역사, 비명도 들리고
치욕의 순간, 땅을 치는 통곡도 들리는데

이 땅에 사는 사람들
세월이 흘러 풍요로워졌다고
얼씨구절씨구 술이나 마시고
어제를 잊은 바보가 되어서야 되겠느냐

노래가 흥겹고 축제가 즐거워서
시월의 밤이 아무리 아름답다 해도
강가에 서면
진주남강 그 강가에 서면

소망등 하나 띄우고

–진주남강유등축제

“우리도 소망등 하나 띄웁시더”
아내가 소매를 끈다
“왜 또 무슨 소망이 있나?”
“그럼 당신은 소망이 없습니까”

아들딸 여섯 이름 적고
손자들 이름 여섯 순서대로 다 적고
‘건강하게 하소서!’라 적었다
우리 두 사람은 적지도 않았다

그래 우리는 괜찮다
강물이 이리 고운 밤에
우리는 즐겁고 건강한데 말이다

등(燈) 하나 띄우고
영감 할멈 두 사람
이대로 즐겁다고 두 손을 꼭 잡았다

논개

하나이면서 둘이 아닌 것
둘은 없고 하나만 있는 것
해와 달
우리나라 대한민국
그 남쪽 진주의 남강 아름다운 물결 위에
푸르게 흐르는 이름 하나

두 번이 아니고 한 번뿐인 삶을
남강 푸른 물에 던져
꽃이 되었다
영원히 꺼지지 않는 등불을 밝혔다

겨레 가슴에
나라 사랑의 충절을 심어준
영원한 어머니 같은 여인

진주 남강 푸른 물에
오늘도 꽃으로 피어
달님처럼 영원한
해님처럼 찬란한

그 이름 논개여!
그리운 이름이여!

진주는 눈이 오지 않고

진주는 눈이 오지 않아
눈사람은 없고
겨울에만 피는 설화(雪花)도
주렁주렁 매달린 고드름도 없고
미끄러져 허리 다친 할머니도
브레이크 듣지 않는 대형사고도
눈 덮인 산야는 더욱더욱 볼 수 없고
더러는 눈 한 번 보지 못하는 겨울도 있어

눈을 보려고
눈이 보고파서
눈길을 걷고 싶어
뽀드득 그 소리가 듣고 싶어
상고대 그 오묘한 모습이 보고 싶어
먹이 찾는 산토끼 그 순박한 눈동자를 보고 싶어
눈을 덮어쓴 절벽 위의 한 그루 소나무가 보고 싶어
지리산으로 가고
덕유산을 찾아 오르고
태백산을 밤사이 달려가고

어쩌다 눈이 오면
어느 날 행운처럼 눈이 내리는 날은
강아지처럼 즐거워하다
카메라 메고 진주성지로 달려가서
미끄러져 넘어져 보고
눈 이불 속에 누워도 보고
손이 얼어도 눈싸움으로 즐거워하며

어쩌다 진주에 눈이 오는 날에는
나는 70년 세월을 거슬러 올라
열두 살 꿈 많은 소년이 되곤 했는데

물안개

솜이불
포근히 덮고
강물은 잠들어 있고

속삭임
감미로운 입김은
고운 님의 입맞춤

기다림
그리움이 길어도
세월은 잠시 순간인데

우르르
무언가 외치며
달려들 가지만

눈썹달
구름 뒤로 숨고
해님이 방긋 뜨자

아쉬움
어디로 가버렸나
사라져 버린 물안개여

꽃들이 고운 날에는

고운 봄날
아니면 하늘 높은 가을날
모든 꽃들이 저렇게 피어
목이 터져라 만세를 부르는 날에는
무언가 외치고 있을 것이다

평화를 구가(謳歌)하는 구호이거나
위대한 혁명공약의 선포이거나
아니면 베토벤의 교향곡 9번
'환희'와 같은 합창곡일지도 모른다

아니 어쩌면
사람들은 왜 화합하지 않고
미워하며 헐뜯고 싸우고만 있는가
왜들 대화하고 손잡지 않는가 하고
우리들 인간을
성토하고 있는 것은 아닐까
틀림없이 무슨 궐기대회라도 열어
인간들의 각성을 촉구하며
자신들의 우월을 과시하고 있을 것이다

꽃들이 저리 고와
우리들 마음도 즐거운 날에는
술이나 취해 비틀거리지 말고
꽃들이 전하는
사랑과 화합의 메시지를 들어야 하지 않는가

조금은 부끄러워
얼굴이라도 붉히면서
꽃처럼 꽃을 닮아
서로 믿고 사랑하며 사는 인생
그렇게 살아야 하는 것 아니냔 말이다

책가방

–우리 아이들에게

크거나 작거나
무겁거나 가볍거나
누구나 메는 가방
너의 책가방은 너의 책임이다
무겁다고 벗어버리고 싶어도
그 가방은 너의 짐
즐겁게 지고 가야 할 너의 삶이고 인생이다

아버지 어머니 탓하지 마라
조금 도와줄 수는 있어도
대신 메고 갈 수는 없는 운명
엄마 아빠에게도 짊어져야 할 무거운 가방이
여러 개 있기 때문이다

사람은 누구나 가방 하나씩 메고 가는 길손
가방 속에 무엇을 채워 넣던지
무엇을 공부해서 무엇이 되던지
어느 길을 걸어 어디로 가든지
모든 것이 너의 책임, 네가 할 일
스스로 극복하고 이루어 가야 한다

한 짐 가득 지고 걷다
힘에 지쳐 쓰러져 울고 있는 사람의 좌절을 보아라
비 오는 날에도 눈보라치는 날에도
공부하는 이유, 일터로 나가는 이유를
참고 견디며 산을 오르는 이유를
엄마 아빠의 꾸중, 선생님의 회초리가 왜 필요한지
이제는 알겠느냐

크거나 작거나
무겁거나 가볍거나
누구나 메고 가는 가방 하나
너의 가방은 네가 책임질 너의 인생
단단히 챙겨 메고 꾸준하고 당당하게 너의 길을 가라!

석류

주체하지 못하고
터져버린 저 빨간 색깔은
열정일까 성숙일까

알알이 익어
견딜 수 없는 기다림에
넘쳐흐른 그리움을
보고만 있어야 하는가
모른 체 외면하고 있어도 되는가

얄밉게 벗어버린 당돌함
환희의 모습이고
희열의 외침이다
자신만만하고 당당한 풍만은
보는 것만으로도 유혹이고 쾌감이다

아찔한 도발
새콤한 군침이 돈다
이제 너를 씹어 먹고 싶다

인연

만나고 헤어지는 삶에서
싸우고 다투는 인연은 말고
아픔 주고 슬픔 주는 악연도 말고
미워하고 배신하는 그런 반목은 더욱 말고

옷깃 스치는 인연도
추억에 담아두는 사연도
잊지 못해 밤을 새우는 그런 사랑도
행복을 빌어주는 질긴 우정이 더욱 좋지만

다시 반기는 인연이었으면
먼 길도 함께 가는 동행이었으면
기쁨과 감사를 함께 나누는 그런 사랑이었으면

짜장면

짜장면 한 그릇
훌륭한 맛의 성찬(聖餐)
맛과 포만(飽滿)에 감사해야 한다

“무슨 짜장면이 이래!”
행여 밍밍하고 느끼하다고 푸념하며
젓가락 던지지는 마라

신성한 노동의 대가
허기를 달래주는 맛의 향연(饗宴)
꿀맛처럼 즐기는 사람들의 기쁨을 보라
배가 고파봐야 아느니
노동의 달콤한 보상을…

식도락과 산해진미를 다 즐겨
미뢰가 그 소박한 맛을 잊은 님들은
짜장면의 달짝지근한 맛을 어찌 알겠는가

행복도 마찬가지
작은 것에 만족하고 감사하며 즐거우면 되는데

크고 많은 것 가졌으면서도
또 욕심내서 미친 듯 허둥대는 사람들
행복하면서도 그걸 모르는 바보들이 너무 많다

겸손하고 소박하면 되는데
감사하고 만족하면 되는데
그것도 모르는 사람은
이틀쯤 굶었다가
짜장면 한 그릇 먹어 보아라!

사랑의 저축

사랑을 저축하세요
지금까지 살아오면서
아내를 사랑하고 배려해 준
귀한 사랑의 향기 같은 것
눈물 같은 정성도
용광로 넘치던 열정도
땀이고 아픔이던 희생도 모두 모아주세요

아내의 가슴 깊은 곳에는
숨겨놓은 고운 통장 하나 있어
당신 사랑의 흔적이
고스란히 저축되고 있어요
착한 연인들은
조금씩 모은 사랑의 잔고(殘高)가 쌓여
인생을 즐기며 살지만
어떤 사람은 신용불량자가 되어
마이너스 통장의 주인공이 되지요

애정도 없이 사랑도 없이
아내의 눈물과 희생을 강요하며

명령하고 지배하려 해서는
지겨운 원수가 되고 말지요

지금부터라도 사랑의 통장 하나 만들어
"사랑한다" 말하며 사세요
"고생했다" "감사하다" 말하며 안아 주세요
사랑의 점수를 얻어야
우리들 외로운 노년(老年)들
방긋 웃는 아내의 더운밥 먹을 수 있고
이부자리 따뜻하게 연인처럼 살 수 있어요

연애

소주 한 병 같이했더니
손잡는 사람도 있고
밥 두 번 먹었더니
무언가 달라는 사람도 있더라는
고백을 들은 적이 있다

사랑을 거시기로만 하는 게 아닌데
다정한 말
고운 눈빛으로 해도 되는데

이제 여든은
정열도 식고
느낌도 짜릿함도 사라졌지만
손이라도 마주잡고
눈썹달 바라보며 정담을 나눌 사람
있으면 좋고
없어도 괜찮은데

같은 생각
그런 사람

어디쯤 있을 법한데
혹시 그런 사람
어딘가 있을 텐데

새벽 목욕탕

밤사이
전투가 있었나 보다
허기져 누운 병사들
기진맥진 쓰러져 있고
총구는 녹아내려 휘늘어졌다

백병전
찌르고 또 찌르고
피비린내 참상에 비명도 지르며
전진과 후퇴의 연속
쓰러졌다 일어나 다시 싸우고
땀도 쏟고 있는 힘을 다해서
목숨 같은 거 죽음 같은 것
겁내지도 않았다

승리의 깃발이야 있건 없건
삶의 전쟁터
전투 없는 인생 없고
승리 없는 싸움은 치욕이다

삶의 길목마다
전투는 어느 순간에도 있고
사람들은 죽을 줄 알면서도
또 한 번 다음 전투를 꿈꾼다

견공(犬公)

너는 항상 한 발을 들더니
뿐만 아니라 마약도 찾아내고
컹컹 짖으며 도적도 쫓아내고
총알 속을 질주하는 재주도 가졌으니
한 발로는 꼼짝 못하는 우리를 능가하고 있음이야
진화해서 더 영리해진 것 일거야

"개새끼!" "개만도 못한 놈!" 이란 욕설
이제는 함부로 내뱉지 말아라
오히려 앞선 체력과 능력을 과시하면서
"바보 같은 인간들!"
"욕심쟁이 인간들!" 하면서
우리를 비웃고 있음이 아닐까

어느 왕족인가
어느 족보 있는 가문의 귀족처럼
푸들 한 마리 꼬리 살랑살랑 흔들며
시종(侍從) 하나 대동하고 행차하신다
알롱달롱 예쁜 가운 하나 걸치고
10만 원짜리 머리 세팅에 화장도 마치고

맛나는 것, 좋은 것 모두 즐기면서
물렀거라! 견공(犬公) 나가신다
흥겨운 팡파르도 들린다

새 귀족의 탄생
반려견 한 마리 모시고 사는 것
시대의 유행이고 멋이다
견공보다 못한 팔자
문명일수록 삶이 부끄럽다

개똥철학

개가 어디에 똥을 누든지 말든지
그건 개똥인데
내가 밟지만 않으면 그만인데
개가 짖든지 말든지
무슨 특권처럼 한 발 들고 쉬를 하든지 말든지
나를 물지만 않으면 무슨 상관인가 하다가

저 개똥을 누군가 치우겠지
요즘은 약에도 쓰지 않는다던데
그놈의 개똥 주워서 무슨 소용일까
그건 내가 상관할 일이 아니라 하다가

어느 나라 공주나 왕자처럼 차려입고
몸종 하나 대동하고 행차하든지 말든지
개 샴푸에 개 향수를 뿌리든 말든
더러는 우리 인간을 보고 멍 멍 멍
"이 인간 놈아!" 하면서
욕을 하든지 말든지
저건 말 못하는 개라는 생각을 하다가

왜 우리는 한쪽 발 들고는 안 되는 능력을 가진 것일까
왜 우리는 아무 곳에나 응가를 못하는 도덕을 가졌을까
왜 우리는 벽 속에 숨어서만 사랑을 하는 문명을 가졌을까
왜 우리는 안아 주고 쓰다듬어 주는 몸종 하나 데리고 못 사는 불평등을 가졌을까
왜 우리는 10만 원 주고 머리 손질하지 못하는 생활고를 가졌을까

이리저리 생각해도
결국 개똥은 개똥이지만
그래도 우리들 건강에 관계된 일인데
나 스스로 개똥이라도 치워야 하는 것 아닌가
이것도 철학이라 누군가가 말했으니
별 볼일 없는 내가 별 이름도 없는 사람이니까
개똥이라도 치워야 하는 것 아닌가 멈추어 섰다가
여든 어르신이 개똥을 줍다니 당치도 않다며
홱 뒤돌아서려다가

나도 별수 없이 잘난 멋에 물들어
가식과 위선으로 무장하고 살면서

이런들 어떻고 저런들 어떠냐 하면서
과장과 허풍으로 행세하고 다니면서
헛소리 같고 뺑 소리 같은 말만 지껄이며
해학과 풍자처럼 위장하고 살면서
더러는 옆집 담벼락에 오줌도 갈기면서
눈 흘기고 삐쭉거리며 살아온 것이
조금은 부끄럽고 치사스러워져서
한참을 망설이고 머무적거리다
개똥 주인도 아닌 내가
약도 안되는 개똥을
세상에서 가장 못난 내가 치워야 한다면서
개똥을 그냥 지나치면
지구와 인류에 대한 죄악인 것 같은 생각에 이르러
김이 모락모락 나고 냄새나는 개똥을
이것도 철학인데 개똥 같은 철학인데 하면서
못 이긴 척 주워 풀밭에 던졌다

지렁이도 먹고 두더지도 먹고
자라는 풀들도 나누어 먹고, 꽃이 피겠지
바보 같은 내가 개똥을 치우고 보니

세상이 좀 밝아지고 엄청 깨끗해진 기분이고
나도 조금 존경스러워
내가 즐겁고 세상이 즐겁고 철학도 즐거우니
모두가 웃고 즐거울 일이다

가을에 쓰는 편지

떨어지는 단풍에는 '아픔'이라 쓰고
구르는 낙엽에는 '허무'라 쓰고
가슴 아픈 사연 담아 가을 편지를 띄운다
시몬 같은 친구가 읽어도 좋고
국화를 닮은 여인이 읽어도 좋다
답장이야 있으면 좋고
없어도 혼자 외로워 좋다

외로워 울기도 하다가
허무가 가슴을 아프게 하지만
고독과 함께 있으니
결코 외로운 것만은 아니다

가을에 쓰는 편지
빨간 단풍에 '사랑'이라 쓰고
날리는 낙엽에 부치면
봄철에는 꽃 같은 이파리 답장이 오리라

벌써 봄을 기다리는 마음
기다림과 그리움은 행복의 다른 이름이다

3부

청산도에서

사랑의 탄생

그리움과 외로움이 만나
사랑이 되더라
외로움과 외로움이 만나서도
사랑의 꽃이 피더라

외로움이 슬픔을 만나니
눈물뿐이더니
그리움이 배신을 만나도
울분뿐이더라

내일도 해가 뜨고 희망이 솟는데
홀로 가는 사람아
울고 있는 사람아
외로워도 울지 말고
홀로 우는 바보가 되지 말고
눈웃음 즐거운 얼굴로 찾아 나서라
인생의 어느 후미진 골목길에서
따뜻한 햇살 같은 인연을 만나
사랑하게 되리라, 노래하게 되리라

홀로 가는 사람아
울고 있는 사람아
외로우면 그리워하라
그리워하는 사람만이 사랑을 얻는다

옆자리

서울 가는 버스에서나
노인들 공짜라는 지하철에서나
또는 어느 극장 무슨 영화를 감상하는 자리
아니면 열다섯 시간 먼길 날아가는 외국 여행길의
내가 앉은 자리의 옆자리

누가 앉아도 좋지만
제발 오만한 신사는 앉지 않았으면
싸늘한 숙녀가 앉지 않았으면 하는 바람을
기도처럼 외워보는 버릇이 있다

사람을 내려보는 시선이 싫고
분 냄새 향수 냄새 모두가 악취 같아서
감당할 수 없는 기분과 부담 때문에
차라리 내가 비켜 가야지 하며
바보처럼 자리를 옮긴 적도 여러 번 있었다

웃음과 인사를 나누면 좋을 터인데
표정이 맑아 이야기가 통하는 친구가 되면
얼마나 좋을까

더구나 시집이라도 한 권 읽는 사람이라면
젊고 고운 여자가 아니라도
즐겁고 유쾌한 동행
대화가 되지 않을까 하며
하루에도 몇 번을 기도하는
내 옆의 빈자리

그것도 모르고

그것도 모르는 사람들이 있다
조금 다가가서
먼저 안녕하며 빙긋이 웃거나
아닌 척 살며시 기울어지기만 하면 되는 것을

나이 탓만 하고
외롭다는 넋두리만 하면서
스스로 외톨이가 되어 슬프다 푸념하고
금쪽같은 세월만 허송하면서
친구를 만들지 못하고
그리운 사람 하나 만나지 못하고
외롭고 슬프게만 사는 사람들

그것을 모르니
알면서도 모른 채 살고 있으니

침묵(沈默)

말 없는 말
침묵은 금입니다
천년 묵은 진실을 간직한 말이 침묵입니다
어떤 말도 침묵만 못합니다

여든은 침묵하기 좋은 때
귀가 말을 듣지 못하니
동문서답(東問西答)하기 좋은 시절
바보 소리 듣지 않기 위하여
함부로 내뱉지 말고
미운 말, 험한 말, 헐뜯지 말고
아끼고 줄여서
목마른 사람에게 건네는 물 한 모금처럼
꼭 해야 할 순간에 한 마디를

시원하고 행복한 말만
침묵보다 더 고운 말만
모두를 즐겁게 하는 말만

이유에 대하여

이유를 말하지 마라
이유는 변명을 만들어
말썽을 키우지 않더냐
이유는 항상 꼼수를 궁리하며
모면하고 항변하는 까닭이 되지 않더냐

가난하고 못 배운 것
다만 처지이고 형편일 뿐인데
무언가 잘못되었다 해도
구차하게 이유로 말하지 말고
땀 흘려 노력하며
열심히 살고 꾸준하면 되는데
어떤 어려운 처지에 이르렀다 해도
이유는 핑계를 만들고
이유를 내세워도 삼시만의 모면이 있을 뿐
핑계를 말해서야 다만 수치이지 않더냐

인생살이가 그러하고
우리들 삶이 그러한데
미천한 나도 알고 있는데

그 긴 세월을 살고도 모르겠느냐

이유를 말하지 말고
변명을 만들지 말라
변명은 핑계를 만들 뿐이다

혼자인 것이

사랑이 없으니 외로운 것이지
혼자라고 외로운 것 아니다
그리움이 없으니 쓸쓸한 것이지
홀로 있다고 쓸쓸한 것 아니다

외톨이가 되느니
혼자만의 자유를 만끽하면서
집중하고 몰입하는 열정만 있다면
차라리 홀로인 것이 덜 외롭고 덜 쓸쓸하다

홀가분한 사색이 있고
부질없는 간섭과 참견이 없으니
나는 행복한 자유인
무엇을 해도 내 마음인데
사랑과 그리움을 노래한 책 몇 권
베갯머리에 놓아두고
시(詩)를 읽다 사랑을 생각하고
시 한 구절에 그리운 사람 그리워하며
아름다운 이 가을밤에 시를 쓰고 읽을 수 있다면

차라리 혼자인 것이
조금 쓸쓸하고 외로운 것이
더 행복해지지 않겠는가

첫사랑

잘 있나?
단발머리 가시나야

눈웃음이 곱더니
볼우물이 아름답더니

어데 있노?
보고프고 그립다

한 번
한 번만 만나 봤으면…

그러다
세월만 흘렀습니다

아내

곤히 잠든 아내 가슴에
살며시 손을 얹었다
반백 년 하고 5년이란 긴 세월을
고생했다고
너무 고마웠다고
행복했다고
감사의 인사를 전하려다
아 당신의 야윈 몰골이 애처로워
미안하고 부끄러워
살며시 손을 내렸다

당신

미소
밝은 표정
만나는 사람마다 친구가 되는

정성
지치고 허기질 때
맛으로 한 상 잘 차려진

행복
땀과 헌신
나와 아이들 즐겁게 하는

사랑
어둠이 내린 황혼
손 꼭 잡고 함께 가는

세월아 고맙다

어제는 흘러가 버렸고
오늘 또 하루 흐르고
또 내일도 지나갈 것이고
또 모래도 흘러갈 것이니

그렇게 한 주일이 가고
그렇게 한 달이 지나고
그렇게 봄가을 계절이 변하고

묵은해가 가면서
새 해가 뜨고
새 아침이 밝아오면

또 한 해 365일
멀어져 간 것이고
가까워진 것이다

여든에는 하루하루
금쪽같은 시간
가는 해도 고맙고
밝아오는 아침도 고맙다

봄

점령군
시급한 민생고도 없는데
세상은 온통 점령당했다

추위와 무기력 몰아내고
남루와 나태도 일신한다는
거창한 혁명공약
꿈과 희망을 나누어 준다고 한다

전위병은 미녀군단
푸른색 군복, 미소로 무장했으니
향긋한 꽃향기에
민초들은 순식간에 세뇌되고
착한 백성이 된다

모두들 소 몰고 나간다
논밭 갈고 씨앗을 뿌린다
성장의 여름
결실의 가을
대풍의 즐거움도 있을 것이다

혁명공약 준엄해도
꽃피고 즐거운 날들
촌노(村老)들 동동주 싣고
꽃놀이 갈 모의(謀議)한다

청산도에서

슬로 슬로
천천히 천천히
느긋하게 나긋하게
즐겁게 걸으면 되는 걸
손도 잡고 이야기도 나누며
흥에 겨워 노래도 한가락 뽑으며
흥겹게 신이 나서 어깨춤도 추면서
바다를 안주해서 소주도 한 잔 나누며
고운 하루, 멋진 삶을 살면 되는 걸
그걸 모르고 아등바등 살았으니
휴식이 있고 평화가 있는 섬
슬로 아일랜드 청산도에 와서
땀투성이 바쁘게 달려온
내 인생이 부끄러워져서
느긋하게 살려했는데
즐기며 살려했는데

이크… 저 뱃고동 소리
여객선은 떠난다는데
에끼 큰일이다

어서 달려라
빨리 빨리
뛰어!

개미

방 청소를 하다 놀랐다
개미들의 행렬
길게 발맞추고 행진하고 있었다

빵소니의 기억이 살아났다
며칠 전
뒷산을 오르다
개미들의 집회를 밟았다
밀라이 대학살*
무자비한 폭력
나의 등산화가 폭탄이 된 것이다

참혹한 현장
흩어진 주검들
아마 무슨 축제였을 것이다
비참한 참상에
울부짖던 가족들
복수를 맹세하지 않았을까

오싹한 공포

속죄의 방법은 없는가
카스텔라 한 조각 베란다에 놓았다

한 시간 후
모두 모여 포식한 손님들
쓸어서 아래 화단으로 내려보냈다

용서하고 잘 살아라
좋은 곳에 새집 짓고
평화롭게 잘살아라

*월남전의 대표적인 양민학살사건
1시간 동안에 400여 명의 노인과 여자, 어린이가 학살당함.

큰 바보

인생 여든에
무엇이 부러우냐
튼튼하고 즐거운데
하늘 아래 감출 게 없는데
무엇이 부끄러운가

제멋에 잘난 사람들 중에
배우지 못해도 조금은 알고 있고
잘나지 못해도 반듯하고
쌓지 못해도 등 따스하고 배부른데
누가 나를 바보라 하는가

술맛 나는 친구들 반기고
읽어야 하는 책들 쌓여 있고
산은 뒤에 있고 강은 앞에 있고
부르면 생긋 웃는 님도 있는데
누가 나를 외롭다 하는가

바보가 되리라
잘 익은 벼 고개 숙이듯

나를 버리고 큰 바보
착한 바보로 살리라
마지막 크게 웃을 수 있는
하늘 아래 큰 바보가 되리라

원산폭격

잊지 못합니다
잊을 수가 없습니다
밤이면 밤마다 시도 때도 없이
무차별 폭격이 있었습니다

–원산폭격 실시!
–대가리 박아! 이 자식들아
섬뜩한 명령에
미처 피할 수도 없고
몸을 숨길 방공호 같은 곳 있지도 않았습니다

대가리들
우리들의 애국심 가득한 머리를
땅바닥에 처박고
두 손은 옆으로 벌려 폭격기 날개가 되고
엉덩이를 하늘로 치켜들면
네이팜탄(彈)을 쏟아붓는 F-86 세이버 제트기가 됩니다
내 몸이 내 몸을 폭격하는 급강하(急降下)
육신과 영혼은 1,000도 불구덩이에서 산화되고 맙니다

군기를 바로 잡는다는 구실과 핑계

한두 달 선임이라는 계급의 횡포
아픈 추억에 대한 분풀이에다
억눌렸던 욕구를 발산하려는 치사한 방법
더러운 배설행위 같은 쾌감도 느끼면서
당연한 권리처럼 자랑스런 특기처럼 우쭐하기도 하면서
물에 담겼던 빳다를 연달아 뽑아들고
명사수 같은 기분으로 엉덩이를 내려칩니다

혹시 누구라도
이런 폭격 당해 보셨습니까
5분이면 누구나 쓰러집니다
조국에 충성을 맹세한 우리들 보석 같은 육신은
분하고 가슴 아파 쓰러져 울면서도
우리 편 내 형제가 저지른 만행에 치를 떨면서도
이것도 애국인가, 이것도 군율(軍律)인가 하면서
이를 악물고 참고 또 견디어 왔습니다

원산폭격
여든이 되어서도 그때가 생각나서
이불 위 혼자서 한번 해 봅니다
노쇠한 육신, 시작도 못하고 픽 쓰러졌습니다

행복

꽃을 만나 아름답다 말하고
사랑한다 했더니
꽃도 그리움 담아 화답한다

"감사합니다
나도 사랑합니다"

내가 한 평생 즐겁고
행복한 이유

여보
당신도 꽃이기 때문이다

사돈의 팔촌이

사돈의 팔촌이
지서 순경만 되어도 빽이라던 시절에
이리 밀리고 저리 밟히며
추위와 배고픔으로 날이 밝고
서럽고 가슴 아픈 날들 바람도 매서웠다

사돈의 팔촌의 동생이
동사무소 직원만 되어도
구호물자 두 번씩 타던 시절에
먹기 위해, 살아남기 위해
이것저것 가리지 않고
닥치는 대로 땀 흘려 뛰어야 했다

사돈의 팔촌의 동생의 친구가
무슨 조직의 쪽지 하나만 내밀어도
전쟁통 그 어지러운 세상에
보국대 무슨무슨 부역에 다 빠지던 시절에
우리는 내라는 것 다 내고
하라면 하라는 것 다하고
시키는 대로 주먹을 휘두르며 목 터지게 구호도 외쳤다

사돈의 팔촌의 친구의 매부가
학교 선생님만 되어도
공부를 못해도, 학교 가지 않고도 졸업하던 시절에
그놈의 공납금, 엄마의 눈물이던 공납금 때문에
집으로 쫓겨 오다 뒤집어쓴 소나기에
흠뻑 젖은 책 말리며 울먹이던 슬픈 추억도 있었다

아버지 어머니의
또 그 아버지 어머니
다 뒷산 잔디밭으로 가시고
세월이 흘러흘러 시절이 가면서
문명을 타고 세상이 달라져
이제는 맑고 밝은 세상
추위도 배고픔도 없는데
아이들 반듯이 자라 고맙고
용케도 기적처럼 살아남았다는 감사
큰 부끄럼 없이 살았구나 하는 자부심에
과연 나는 바보였는가
아니면 나도 애국했다 할 만한가
지금도 나는 그 물음에 답을 못 얻고 있다

애들아
이제는 사돈의 팔촌이
무엇무엇이 아니라도 괜찮은 세상에
엄마 아빠는 그렇게 살았다 해도
너희는 그저 열심히 살면 된다
사람이니까 사람의 도리로만 살면 된단다

4부

지심도에 가야 했는데

평생공부

시(詩) 쓰기와 글쓰기는
예술 영역 중에서 으뜸
인간만이 즐기는 최상의 지적 창조의 즐거움
뇌세포에 건강과 활력을 주는 최고의 비법이다

보고 느낀 점 진솔하게 표현 발표하는 능력
옛 선비들도 낙향해서 산수(山水)에 묻혀
창작의 멋과 향취를
시작(詩作)으로 말년(末年)을 즐겼음이라

창작는 창조와 생산의 의미
목수가 집을 짓듯이
시인은 시를 짓고 읽고 쓰고 공부하는 사람
옳고 바르고 고운 것만 노래하는 사람

향기로운 사람으로 사는 길에
교양과 지성, 권위도 저절로 얻는 것인데
왜 시인이고 싶지 않겠는가
고운 마음들이 풍기는 사랑의 향기
왜 시향(詩香)에 취해 살고 싶지 않겠는가

노년에 즐거운 공부

나는 평생 시를 사랑하는 사람

시를 읽고 공부하는 것이 가장 즐거운 일이다

낙제생

할 줄 아는 것
할 수 있는 것
그러니께 그게 무엇인지
아무것도 아는 게 없더란 말이여!

몸살감기에 누운 할멈이
열이 몇 도인지 땀을 뻘뻘 흘리며
이불 뒤집어쓰고 끙끙 앓는데
무엇을 어떻게 해야 할지 안절부절하다가
"병원에 입원하러 가자" 했더니
들릴락말락 무어라 구시렁구시렁 대꾸하는 말이
"운전도 못하면서… 119를 부를 낑교… 택시를 부를 낑교…"
이런 내용이었으니 내 무능에 대한 원망과 핀잔이 아닌가

한참 부끄럽고 무안해 죽은 듯이 있다가 또 용기를 내어
"뭣 좀 먹어야 안 되나?" 했더니
"당신이 죽을 끓일 수 있능교… 무얼 하겠능교…,
당신이 할 줄 아는 게 뭐 있능교?"
음- 하며 돌아눕는 눈가에 찔끔 눈물도 보인다

그래 그러고 보니 그게 틀린 말이 아니다
라면 끓이는 법을 이제 겨우 배운 사람이
흰 죽을 무슨 재주로 끓인 담!

할 줄 모르는 것
할 수 없는 것들
그러니까 모든 것이 그렇고 그래
무엇을 어떻게 해야 하는지 아무것도 모르니
낙제생
나는 이제 나이만 여든이 되었지
아무 쓸모없는 낙제생이더라는 그 말이여!

야생화

산을 오르다
바닷길 걷다가
이름 모를 야생화 하나 피었거든
지나치지 말고 행여 못 본 체 말고
평생 친구 만난 듯 반기며 인사해 주어라

어디서 씨앗이 날아와
척박한 땅에 꽃을 피웠는지
끈질긴 생명의 탄생이 신비롭고 놀랍지 않는가

이곳저곳 마음대로 다니면서도
외롭다 힘들다 넋두리하는 인간들아
외딴곳에 발을 묻고 꼼짝 못하지만
외로움 같은 것 이기고
눈물 같은 슬픔 더욱 모르고
오직 활짝 웃는 얼굴로 핀 야생화를 보아라
고독을 즐기는 모습이 경외(敬畏)스럽지 않는가
우리 인간들의 외로움은 오히려 사치스럽지 않는가

아름답다 말하라

사랑한다 속삭여라
당신도 꽃이 되어 꽃처럼 웃으면서
반갑게 인사해 주고 가거라
아는 체 눈빛이라도 마주치고 가거라

그저 좋아서

청탁 시(詩) 한 편에 5만 원 받았으니
시집 한 권이 60편이면 30만 원인데
그걸 만 원에 판다니
더러는 공짜로 나누어 준다니
시인은 큰 바보다

시를 쓰는 이유
밤잠 멀리하고 뒤척이는 까닭
그저 좋아서
바보라 해도 시가 좋아서
여든을 넘긴 바보라도 혼자 좋아서

여름의 얼굴

큰 얼굴 하나가
강가에 앉았다

짙푸르고 향긋한 표정
근육질 억센 몸매
언제나 당당하고 늠름하다

산하를 다 점령하고
대지를 다 장악하더니
이제는 아름다운 풍경이 되어
강물에도 그림자가 싱그럽다

먹거리
탐스런 열매들
키우고 살찌우며
대풍의 기쁨을 꿈꾸는 열정

눈부신 얼굴
당신은 이글거리는 불덩이
영원한 빛이고 생명이다

벽(壁)

불쑥불쑥 힘 솟던 시절 있었다
한번 안고 싶은 순간 있었다

일요일 느긋한 시간
비애처럼 비는 내리는데
방은 단칸방
아이들이 책을 읽고 있으니
용광로 끓어 넘치는 열정을
참고 견디다 어쩔 수 없어
비를 맞고 뒷산을 오르기도 했다

벽(壁), 벽이 있어
나를 숨겨주는 공간
벽이 있고 공간이 있어야 하는데
어디에 있나, 왜 나에게는 방(房)이 없나
그 벽을 찾아 한평생을 땀 쏟으며 살았다

이제는 영감 할멈 두 사람
방이 셋이나 있는데
11층 아파트에 두 사람뿐인데

하하하 웃고 맙니다
그저 건강하면
이대로도 고맙다는 생각
마주보고 웃으니 행복합니다

여생(餘生)이라는 말

팔(八)자가 넷인가 다섯인가
산수(傘壽)는 인생 여든을 말하고
남은 인생, 자투리처럼 남은 인생
'밤새 안녕!'이라는 인사를 듣는 나이다

앞으로 살아야 할 우리들의 삶
금값 같은 많지 않는 시간들
덤으로 생긴 것도
선물로 얻는 것도 아니고
소중한 우리들의 생명이고 축복인데

살고 살다 남은 시간이라 하지 말고
구걸하듯 얻은 시간이라 하지 말고
쓰고 쓰다 남은 동전 같은
먹다 먹다 남긴 음식 찌꺼기 같은
입고 입다 버린 넝마 같은 옷처럼
늙고 늙어 앙상하게 뼈만 남은
쓸모없는 세월이라 하지 말고

지기 전이 아름다운 노을처럼

결승선 앞에서의 전력질주처럼
연설의 마무리 문장의 폭발하는 박력처럼
마지막 우리들의 인생
뜨거운 열정이어야 하지 않겠느냐

느긋이 여유롭되
허송세월은 말기를
소중하고 값진 우리 인생
똑소리 나게 살다 가기를

얼굴

어떻게 살았을까
어떻게 살고 있는가
삶의 모습이 담겼다

봄여름 계절 변하듯
잎이 떨어지면 눈이 내리듯
세월 따라 표정도 변하고
그 성격, 그 모습이 변해
오늘 자신의 몰골을 만든다

빈천(貧賤)했던 어제의 아픔
탐욕스럽던 젊음까지도
부끄러운 역사가 되어
삶의 현장, 그 눈빛, 그 주름에 다 담겼다

내가 쓴 생존의 일기장
삶의 역사가 살아있는 현장
내가 살고 있는 초라한 현주소

곱거나 추(醜)하거나

맑거나 어둡거나
내 얼굴은 내 탓이고 나의 책임
내 인생 오늘의 계산서다

생선 머리

어머닌 생선 머리를 제일 좋아하셨다
갈치나 조기의 머리는 항상 어머니 차지였다
"나는… 머리가 제일 맛있어"
뼈다귀의 짠맛을 빨고 발라 드시며 즐거워하시던 어머니
우리는 어머니의 별다른 행복을 정말로 알았다

세월이 흘러 아이들 태어나고
어머닌 하얀 머리 백발이 되셔서
이제부터는 몸통을 드리고
생선 머리를 내가 먹어야겠다고 했는데
아이들 항의를 듣고 깜짝 놀랐다
"아빠 안돼요! 뼈다귀는 할머니 드려야 해요!
할머니가 제일 좋아하시는데…"

이제 어머니는 떠나시고
생선 머리는 내 차지가 되었습니다
생선 가시를 빨아 먹을 때마다
불효자의 눈물샘은 마르지 않습니다
아 - 어머니!

잠지

저 조그마한 것이
저 귀여운 모습이
세 살 때는
새끼손가락만 하던 것이

우람하더니
기운차고 뜨겁더니

흐르는 세월에 다 식어버린 듯
그때처럼
조그마해졌다

여든
다시 아기가 되어
어머니 품속이 그립다

단 한 사람의 여자

여든이나 되었는데
아직도 버리지 못 했냐고
아직도 가슴에 안고 사느냐고
언제까지 그렇게 안고 살 거냐고
나 스스로 꾸짖기도 하고
친구들도 야단들이고
하늘의 해와 달도 그렇듯이 빙그레 웃지만

여자란 여자
이제는 다 버리고
정말로 다 지워버리고
이름도 얼굴도 다 잊어버리고
희미한 추억도 이제는 다 잊었다 하면서도
단 한 사람, 단 한 사람의 여인
지금도 함께 있는 나의 마돈나
나의 아씨, 나의 사모님, 아이들의 엄마
우리 집 할머니는 안고 살아야 한다고
나의 반쪽, 내가 사랑하는 여인이라고
항변하듯 큰소리로 외치다가
얼굴 붉히면서 항변하다가

망팔(望八)의 할머니는
이제는 여자도 아니다
이제는 사랑도 열정도 식었다 하면서도
그저 내가 고마워하는 짝이고 친구라는 생각에
꼬부랑 허리로 늙어버린 세월 앞에
그래도 아직은 곱다면서 내가 사랑하는
단 한 사람의 여자

사나흘쯤

떠나서
길을 떠나서
나를 돌아보는 시간
내 삶의 성찰과 반성
내 집, 내 가족에 대한 사랑
돌아갈 곳에 대해 그리워하다가

만나서
낯선 사람들
새로운 세상과 풍경들
악수하고 인사하는 반가움
짜릿한 설렘과 흥분도 있어
모두가 친구가 되어 즐겁게 웃다가

외로워
때로는 혼자라 쓸쓸해
외로움에 울어도 보면서
갈매기 훨훨 춤추는 포구에서
빨간 하늘 낙조의 찬란함을 보며
고독도 기쁨일 수 있음을 감사해 하다가

또 어디
어느 곳에 사나흘쯤
길 떠날 궁리만 하는 나는
혼자가 되는 자유가 좋아
통곡같이 고독한 자유가 좋아서
또 사나흘 어디로 떠나고 싶은 나는

지심도*(只心島)에 가야 했는데

동백 아가씨 오셨다기에
지심도에 가려 했는데
고운 얼굴로 기다린다기에
지심도로 가야 했는데

꽃이 된 아가씨들이 사는 나라
나도 꽃을 닮은 백성이 되어
함께 웃고 노래하며 지심도에서
꽃처럼 바람처럼 그렇게 살고 싶었는데

하루 이틀 기다리다
오늘 내일 작정하고 기다리다
비가 왔고 바람이 불었고
그렇게 날들만 자꾸 흘러가고
그리움과 아쉬움에
남쪽 바다 지심도가 그리워 바라만 보다가

동백 아가씨 섭섭하게 떠난다기에
치맛자락 잡고 매달리려
지심도로 가려 했는데

그리운 마음, 사랑하는 마음
뚝뚝 떨어진 눈물 자국이라도 보려
지심도로 가야 했는데

모두 떠나고 구름 가듯 떠나고
뚝뚝 흘리고 간 슬픔만 남았다기에
떠나간 뒷자리 그 뱃길 따라
한나절 수평선만 바라본다 해도
슬픔이 좋아 혼자라도 쓸쓸해서 좋아
지심도로 가려 했는데
나는 지심도에 가야 했는데

*거제시 일운면 지세포리에서 동쪽으로 1.5킬로미터 해상에 위치 한 조그만 섬. 동백꽃이 아름다워 동백섬으로 알려짐.

정축생 소띠

37년 정축생(丁丑生)
여든여섯의 소띠 인생
소를 닮아 소처럼 살았습니다

말없이
유순하고 성실하고
불평 없이 복종하고 충성하며
땀 흘려 열심히 일하는 순종(順從)으로 살았습니다

느리다고 회초리로 맞았지만
착해서 잘 속는다고 바보라는 놀림도 받았지만
앞서 나서지 못하고
항상 뒤처져 끌려다니기만 하다가
웃음거리가 되기도 했지만
소를 닮은 운명이라기에
그저 소인 척, 그래 나는 소다, 하는 마음으로
억척스런 소, 일밖에 모르는 순박한 소가 되어
숙명처럼 큰기침 한번 없이 살았습니다

약삭빠르지 못하고
잘나지 못하고 재빠르지 못해도
아버지 어머니는, 허리 꼬부라진 동네 할아버지들은
나를 착한 아이, 법 없이 살 사람이라고
침이 튀도록 칭찬해 주었습니다

나는 소띠 인생
지금은 늙은 소가 되어
죽은 듯이 조용히 살고 있습니다
세월을 따라 살고 있습니다

미황사

수수해서
소담하고 아름다워야 하는데
꾸밈없어
소박하고 질박해야 하는데
한가해서
고요하고 한적해야 정말 좋은데
크지 않고 화려하지도
조그마해서 웅장하지 않고
내 집같이 편안하고 맑아야 하는데

목탁 소리
염불 소리
새소리에 바람 소리
풍경 소리만 들리는 그런 곳

하룻밤쯤 참선하고 싶은 곳
내 가슴속 고운 자리에 숨겨두고 싶은 곳
이 절집만은 평생 그리워하며 살고 싶은 곳
해남 달마산에 있었네

엄마 아빠가

엄마 아빠가
능력이 없고 부족해
너희들 고생스레 공부하게 했구나
아버지 몰래 아르바이트하며
공부한 너희들의 열성을 아빠는 기억한다

그런데 이 못난 엄마 아빠가
너희들에게 잘한 것이 한 가지 있다
가난이 서럽고 가슴 아프던 시절
아빠 엄마가 아무리 어렵고 힘들어도
힘들어 쓰러져도 또다시 일어나 일터로 가면서도
너희들 공장으로 보내지 않았고
너희들 시장바닥으로 내몰지 않았음이
가장 자랑스럽고 잘한 일이라는 생각이다
공부하라! 공부하라!
회초리 들고 다그친 게 옳았다는 생각이다

엄마 아빠가 땀 흘리기 싫어
너희들 책가방 뺏어 던지고 공장으로 보냈다면
너희들도 돈 벌어라 하며 시장바닥으로 보내고

술이나 취해서 비틀거렸다면
너희들에게 무슨 희망이 있었겠느냐

맑은 눈망울에서 꿈을 보았다
낭랑하게 책 읽는 소리에서 희망을 들었다
짐일랑 내가 지고
땀 같은 것 아낌없이 흘리면서도
책 읽는 소리
너희들 공부하는 모습
한 장 두 장 쌓여가는 상장에
엄마 아빠는 용기를 얻었고 힘을 얻었단다

잠시 생각이 못 미쳐
너희를 세파(世波) 속으로 내몰았다면
엄마 아빠는 지금 어떤 모습으로 살까
또 너희들은 어떤 구차한 모습으로 살아가고 있을까

인생 항로에서 엄마 아빠의 책임
왜 선장의 중책이 중요한지 이제는 알겠느냐
엄마 아빠는 그래도

바람 불고 캄캄한 폭풍우 속에서도
너희들 파도에 빠트리지 않고
꿈과 이상 꺾어버리는 폭력 없이
항구에 잘 도착한 것이 기적처럼 잘한 일이란다

엄마 아빠의 무겁던 두 어깨
너희는 기억해야 한다
너희도 엄마 아빠가 될 터이니까

맺는말

인생 여든 즈음에는 건강하고 즐거운 것이 으뜸이다

즐거워야 한다고, 건강해야 한다고 다짐을 한다. 그러나 세상사가 그리 쉽게 즐겁고 건강해지는 것 아니다. 남모르는 노력도 있어야 하고 알게 모르게 내공도 쌓아야 한다.

여든쯤 되면 닥쳐올 모든 일이 슬픈 일이거나 가슴 아픈 일이 되기 쉽다. 친구들 하나둘 떠나더니 가족들과도 가슴 아픈 이별을 맞게 된다. 그래서 여든은 상실의 시대, 믿었던 건강도 하나둘 그 기능을 잃어가게 된다.

여든도 몇을 넘겨 살아 보니 세상사가 다 슬픔도 아니고 다 기쁨도 아니다. 별수 없이 닥치는 대로 순응해서 살아야 하는 이치를 배워야 한다. 자연히 건강하게 즐겁고 행복했으면 하는 희망을 안게 된다.

건강하고 즐겁기 위해 무언가 새로이 시작해야 하지만 습관처럼 살아온 우리 생활에서 즐거웠던 일, 건강에 도움이 되는 일, 행복했던 추억들을 떠올려서라도 그 방법을 찾아야 한다.

나는 서슴없이 글쓰기와 책 읽기가 가장 행복하고 즐거운 시간이었다고 말하고 싶다. 독서삼매(讀書三昧)의 맛과 멋을 알면 인생이 즐거워지고, 자신도 모르게 지성과 교양도 저절로 갖추어진다. 글의 향기가 스며들고 퍼지면서 명예와 존경도 저절로 얻어진다.

밤새워 시 한 편 탈고했을 때의 기쁨을 아는가.

생각하고 느낀 점, 진솔하게 표현해서 글 한 편 쓴다는 창작활동이 인간의 두뇌활동 중 최고의 경지라 하지 않는가.

이제 늙은 머리 혹사하지 말고 글쓰기도 좀 쉬라는 충고를 듣는다. 잘 노는 것도 글쓰기보다 중요하다는 얘기에 귀가 솔깃했다. 남은 시간 또 써야 할까. 좀 쉬어야 할까. 글쎄 노는 것도 좋지만 금방 치매란 놈이 덤벼들겠지. 아직은 밝은 눈과 맑은 머리, 그리고 자판 두드리는 열 손가락을 주셨으니 멈추지 말고 읽고 쓰라는 말씀 아닐까. 읽으면서 놀면서 쓰면서 살면 된다는 생각이다.

인생 여든에는 건강하고 즐거운 것이 으뜸이다.

즐겁게 읽고 쓰려 하지만 배운 것이 적으니 항상 부끄럽다는 생각이다. 그래도 꾸준했고 열심이었으니 조금은 발전이 있지 않았겠나 하고 또 한 번 다음 작품을 다짐해 본다.

나의 글들을 다시 한번 읽어 본다.

나의 인생, 바보 같은 나의 인생, 그 후회와 교훈은 무엇인가. 회한(悔恨)과 슬픔이 가슴 아프게 하지만 아직은 절망할 때가 아니다. 아직은 꿈과 희망 버리지 말고 기운을 가다듬어야 한다.

내가 부르는 나의 노래, 내 사랑의 노래, 내 인생의 노래, 내 추억의 노래, 내 슬픔의 노래, 잘 부르지 못해도 부끄러워 말고 열심히 불러야 하고 계속 불러야 한다는 생각이다.

나는 아니라 도망가지 말고
나는 싫다 발버둥치지 말고
좀 더 의젓하고 당당하게
가능하면 허허 큰 웃음 한 번 웃고

「낮잠 자듯 조용히」 일부

갈 곳은 한 곳뿐이다. 길은 외줄기, 어둠으로 아스라이 뻗어있다. 무섭다 울지 말고 싫다고 도망치지 말고, 한 번은 가야 하는 길, 누구나 공평하게 가야 하는 길, 차분하고 당당하게, 친구들 그리운 사람들 모두 모두 안녕히! 인사하고….

누웠다 앉았다
해소기침 콜록콜록

세월 탓만 해서야
아픈 탓만 해서야

「여든이라고」 일부

여든은 어르신 소리를 듣는 나이, 지팡이를 짚어도 허물치 않는 나이, 행여 건방진 생각 말고, 호령하고 군림하지 말고, 아이들 짐이 되지 않도록, 건강하고 즐겁게 여든이라도 밝은 얼굴로.

인생 여든은
매일 인사하는 나이

여러분, 안녕히 계세요!
미리미리 인사하는 늙은이

「미리 하는 인사」 일부

각방 살기의 비극, 아침에 깨어 보니 저세상에 가셨더라는 슬픈 이야기…. 사랑한다는 한마디도 못했더란다. 고마웠다는 말 한마디도…. 잘 있으라는 말도…. 오늘부터는 당장 한방에서 같이 주무세요. 뭐 싫다고요? 허어! 그것 참!

체온을 함께하는 것이 건강의 보약이고 장수의 비결이라는데 그걸 모르니….

빈곤의 알리바이
나태와 무기력의 쉼터
나의 얼굴은
나의 책임이다

「자화상」 일부

죄가 아닌 줄은 알았지만 가난은 가슴 아팠다. 하대(下待)와 비하(卑下)에 화가 났지만 어린 가슴에는 절망과 울분뿐 아니라 용기와 의욕도 불타고 있었다.

몰골은 왜 그리 초라했던가, 표정은 왜 그리 어두웠던가.

허기와 추위가 가슴 아파 항상 슬펐지만 또렷한 눈망울은 빛을 잃지 않았다. 핏기 없던 나의 얼굴, 서른 마흔에도 내 청춘은 노동으로 땀에 젖어 있었다.

크거나 작거나
무겁거나 가볍거나
누구나 메는 가방

「책가방」 일부

네 가방은 너의 것, 네가 메야 한다. 네 인생도 너의 것, 네가 살아가야 한다. 엄마 아빠는 따로 살아가야 할 인생이 있고 가족이란 무거운 가방을 메고 있단다. 스스로 경쟁을 이겨 갈 실력과 안목과 체질을 갖추는 것, 학생시절에 가장 중요한 일이란다. 공부하고 탐구해서 실력을 쌓아라. 이 세상은 스스로 개척해야 발전할 수 있는 것이란다.

이틀쯤 굶었다가
짜장면 한 그릇 먹어 보아라!

「짜장면」 일부

'배부른 돼지'보다 '배고픈 소크라테스'라는 비유를 들어보았겠지? 배부른 욕심쟁이 먹보보다는 배가 고프더라도 세상을 바로 사는 철학자 같은 사람으로 살아야 한다는 내용이 가슴을 찌르지 않던가.

춥고 배고픈 가난을 한 번은 겪어보아야 한다. 그래야 세상의 한 끼 식사가 감사라는 걸 알게 되고, 산해진미(山海珍味) 모두가 탐욕이라는 걸 알게 되고, 더러는 만병의 근원이라는 걸 알게도 된다.

방긋 웃는 아내의 더운밥 먹을 수 있어요
이부자리 따뜻하게 연인처럼 살 수 있어요

「사랑의 저축」 일부

무슨 하녀처럼 마구 부려먹는 사람도 있고, 때리기도 하면서 폭행을 일삼는 사람도 있다. 군림하고 명령하면서 자신의 고집대로 가정을 끌고 가는 사람의 만행을 주위에서도 볼 수 있다.

사랑이 없으니, 이해가 없으니, 희생이 없으니, 무슨 웃음, 무슨 행복이 있을까. 사람은 감정의 동물, 받은 만큼 돌려줄 줄 안다. '사랑한다', '감사하다' 한마디 고맙다는 인사에 피로도 풀리고 자신의 희생도 서슴지 않는다. 더구나 노년에는 무조건 아내에게 순응하고 베풀며 살아야 하는 것이 비결이다.

더러는 옆집 담벼락에 오줌도 갈기면서
눈 흘기고 삐쭉거리며 살아온 것이
조금은 부끄럽고 치사스러워져서

「개똥철학」 일부

별 뚜렷한 내용도 없으니 무어라 생각할 것도 없지만 개똥도 철학이라 말한 사람이 있으니 그냥 흘려버릴 수 없지 않은가. 도움이 되지도 않고 무슨 이익이 있는 것도 아니지만 모두가 제 잘난 멋에 사는 세상에 그래도 못 배운 내가, 바보 같은 내가 즐거운 마음으로 개똥을 치운다는 것이 얼마나 장한 일이냐. 이게 어디 나를 성큼 낮추지 않고서야 가능한 일인가. 세상이 밝아지는 순간, 나도 몰래 즐거워졌으니 개똥철학도 즐겁지 않은가.

외로우면 그리워하라
그리워하는 사람만이 사랑을 얻는다

「사랑의 탄생」 일부

외롭다 넋두리하면서도 그리워하지 않으니 무슨 사랑이 있으랴. 주위를 살펴보라. 나처럼 외로움에 몸부림치는 사람들이 얼마든지 많지 않느냐. '안녕하세요' 살며시 다가가면 되는데…, 다정히 웃어주면 되는데…, 그걸 안 하니, 그걸 못하니, 허허 그것참!

시원하고 행복한 말만
침묵보다 더 고운 말만
모두를 즐겁게 하는 말만

「침묵」 일부

청력(聽力)이 나빠지니 자연 대화가 줄어졌다. 소통이 안 되니 사람 만나기가 고역이고 혹시 실수하지 않을까, 동문서답이나 않을까, 살얼음 위 걷기다. 자연히 말이 줄어졌고 어떤 날은 외출 없이 책 읽고 무얼 쓰다보면 한마디 없는 날도 가끔이다. 어쩌면 말을 잊어버릴라.

침묵도 괜찮지만 아내와의 대화, 독서를 통한 대화, 친구들 즐겁게 하는 말만은 부지런히 하며 살아야겠다.

이유를 말하지 말고
변명을 만들지 말라
변명은 핑계를 만들 뿐이다

「이유에 대하여」 일부

이유는 변명을 만들고, 변명은 핑계를 만들고, 핑계는 말썽을 만들고, 말썽은 폭력을 만들고, 폭력은 싸움이 된다.

무섭게도 싸움은 결국 전쟁이 된다.

여든에는 하루하루
금쪽같은 시간
가는 해도 고맙고
밝아오는 아침 해도 고맙다

「세월아 고맙다」 일부

여든 즈음은 감사해야 하는 나이, 세상에 감사치 않을 것이 하나도 없다. 어둠이 닥쳐 밤잠 잘 수 있는 밤이 고맙고, 반짝 뜨는 아침 해도 고맙고, 비바람, 삼라만상(森羅萬象), 모든 것이 다 고맙다. 특히 함께 걷는 사람, 할머니가 고맙고, 아이들이 고맙고, 함께 웃는 친구들이 고맙고, 읽기만 해도 즐거운 시(詩)가 고맙고, 살아있는 나 자신도 고맙고….

어서 달려라
빨리 빨리
뛰어!

「청산도에서」 일부

가는 세월이 바람에 구름 가듯 쉴 줄 모르는데 미친 듯 달려가지 마라. 급행열차 탄 듯 뛰어가지 말고 완행열차처럼 천천히 슬로 슬로 쉬면서 가자.

벤치가 있으면 쉬어가고, 커피향이 풍기면 한 잔 마시고 가자.

여든에는 함부로 뛸 일이 아니다. 뛰다가 넘어지느니, 넘어지면 다시 일어서지 못 하느니….

여보
당신도 꽃이기 때문이다

「행복」 일부

아침이면 거울보다 먼저 쳐다보는 얼굴 하나, 꽃을 닮아 어여쁘다 하면서 사랑한 얼굴 하나, 그래서 '나 아닌 또 하나의 나'라고 한다. 비록 주름졌지만 꽃향기가 풍긴다고 생각하며 살며시 쓰다듬어 보는 손길에 행복이 전해져 온다.

아내를 꽃처럼 아름답다 하는 것이 사랑의 시작이요. 행복의 첫걸음이다. 못생겼다 지겹다 해서야 무슨 사랑 무슨 행복이 있으랴.

과연 나는 바보였는가
아니면 나도 애국했다 할 만한가

「사돈의 팔촌이」 일부

여든 줄 인생, 가장 고생스럽게 국가 발전에 공헌한 세대라고 한다. 가장 오래 일했지만 가장 가난하다는 우리 여든 세대, 삶 자체가 어찌 그리 혹독했는지, 의식주(衣食住)모든 것이 최악의 환경이었다. 고교 1학년 때부터 M-1 목총으로 제식훈련을 받았나. 노력봉사는 어찌 그리 많았는지, 십 리 길 걸어 보리 베기도 있었다. 점심시간에는 물 한 바가지 마시고 나무 그늘에 앉았는데, 말없이 함께 앉은 친구들의 일그러진 표정에서 슬픔과 아픔을 읽었지만 우리는 결코 누구를 원망하거나 울지 않았다.

이제 세월이 흘러 쓸모없는 꼰대가 되었는데 입 다물고

있습니다. 아무 말도 안 하고 불평 없이 삽니다. 그저 몰라보게 발전한 우리나라 대한민국이 자랑스럽습니다.

이제는 영감 할멈 두 사람
방이 셋이나 있는데
11층 아파트에 두 사람뿐인데

「벽」 일부

어머니 평생소원이 우리집 하나였습니다. 판잣집이라도 우리집이 있었으면 하시면서 원수 같은 가난을 가슴 아파하셨습니다. 사글세, 월세, 전세 등 이사를 수십 번 다녔습니다. 이사 가는 리어카에 제일 먼저 찾아 싣든 책가방을 나는 지금도 기억합니다. 끝내 어머니는 일곱 남매 어느 누구도 집 하나 지니고 살지 못하는 가난을 애달파하시다 하늘나라로 가셨습니다. 하늘나라에서 어머니를 뵙는 날 어머닌 날 꼭 안아 주시리라 믿습니다. 꺾이지 않고 열심히 살았다고….

쓰고 쓰다 남은 동전 같은
먹다먹다 남긴 음식 찌꺼기 같은
입고 입다 버린 넝마 같은 옷처럼
늙고 늙어 앙상하게 뼈만 남은
쓸모없는 세월이라 하지 말고

「여생이라는 말」 일부

며칠일까, 몇 달일까, 아는 사람 아무도 없다. 남은 시간이 많지 않으니 절박하지 않는가. 그래도 차분한 마음으로 그 시간까지 열심히 살아야 한다. 허송세월 말고 무슨 일이라도 주어진 환경에 최선을 다하면서 웃고 즐기면서 살아야 한다. 건강은 필수, 각자가 챙길 일이다. 행여 아이들의 부담이 되지 말고 슬기롭고 굳건하게 그렇게… 또 그렇게….

또 어디
어느 곳에 사나흘쯤
길 떠날 궁리만 하는 나는
「사나흘쯤」 일부

아직 마치지 못한 나의 버킷 리스트에는 중남미 여행이 올라 있다. 잉카문명, 마야문명을 보고 싶고 마추픽추의 비경을 보고 싶지만 이제는 접는다. 경비도 엄두가 없지만 노령에 건강이 허락지 않기 때문이다. 이제는 모든 욕심 다 버리고 자제하고 자숙할 때, 그냥 한두 시간 여행에 만족하려 한다. 그동안 가 본 이국땅에서의 만난 사람들, 식도락, 그 풍경, 그 비경, 아름다운 추억의 반추(反芻)도 즐거운 일이다.

이제는 사나흘쯤 가까운 곳, 조용한 곳, 따뜻한 휴식이 있는 곳, 그런 곳 있다면 어디라도 사나흘쯤….

엄마 아빠의 무겁던 두 어깨
너희는 기억해야 한다
너희도 엄마 아빠가 될 터이니까
「엄마 아빠가」 일부

좋은 부모 만나는 것이 인생의 성공을 좌우한다. 세상 사람들 다 그리 희망하지만 그게 마음대로 되는 게 아니다. 어느 부모가 자식 가난을 물려주고 싶어하겠냐만 가난을 유산으로 물려받아 고생스런 인생을 사는 사람들이 얼마나 많은가.

"우리는 가난을 칭찬하지 않는다. 다만 가난에 굽히지 않는 사람을 칭찬한다" 톨스토이의 말이다. 가난 속에서도 노력하고 분발해서 가난을 물리친 사람이 진정 인생의 승리자가 아닌가.

비록 나는 성공하지 못했지만, 너희들은 사회 역군으로 봉사하고 있는 것 조금은 자랑스럽다는 생각이다. 아빠의 책임, 아빠의 의무 그 막중한 삶의 무게를 너희도 이겨가야 함을 명심하라. 아이들 자립할 수 있도록 뒷받침하는 부모의 역할이 얼마나 큰지 온갖 지혜를 다 모아야 한다.

감사합니다,
이웃들, 친구들….
이게 마지막 인사가 될지…
안녕, 안녕!
당신도, 아이들도….

권우용 시집

개똥철학

2022년 6월 15일 초판 인쇄
2022년 6월 20일 초판 발행

지은이 / 권우용
발행인 / 강병욱

발행처 / 도서출판 교음사

03147 서울 종로구 삼일대로 457 수운회관 1308호
Tel (02) 737-7081, 739-7879(Fax)
e-mail / gyoeum@daum.net
등록 / 제2007-000052호

* 잘못된 책은 바꾸어 드립니다. 값 10,000 원

ISBN 978-89-7814-859-7 03810

후원

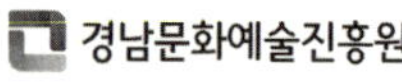

이 도서는 경남문화예술진흥원의 문화예술지원을 보조받아 발간되었습니다.